¡MI CUERPO ES ESPECIAL Y ME PERTENECE!

Sally Berenzweig, MEd, MA
& Cherie Benjoseph, LCSW

Ilustrado por Lilah Cohen

KidSafe FOUNDATION

working together to keep kids safe

La información ofrecida en este libro está diseñada para proveer ayuda en los temas discutidos. Este libro no pretende sustituir la opinión, consulta o tratamiento ofrecido por psicólogos y otros profesionales de salud mental.

FOUNDATION

KidSafe Foundation, Inc.
info@KidSafeFoundation.org
www.KidSafeFoundation.org

ISBN: 978-0-9989529-1-8

Primer Impreso en Español

Impreso en los Estados Unidos de América por Minuteman Press de Boca Raton, Florida.

**Dedicamos este libro
a los niños que hemos educado
a través de los años.**

Gracias a nuestro equipo de
traductores por su ayuda a
traducir este libro al español:
Peter W. Sinz, Sandra Vanegas,
Alina Gagnon, Mayte Bick
y Barbara Gerald

Prefacio

Por Erin Merryn, sobreviviente de abuso sexual infantil, en su misión para traer educación mandatoria a niños en los EEUU, comparte el por qué este libro es esencial para todos los padres.

> *Nuestros niños tienen que saber que ellos no son los culpables y no merecen sufrir. Es importante enseñarles a encontrar su voz.*

Todos los años en la escuela me enseñaron, con mis condiscípulos, rutinas para tornados, fuegos, problemas en el autobús, sobre desconocidos peligrosos y las ocho maneras de decirle "no" a las drogas. Nunca me ví obligada a huirle a un tornado, caer y rodar para apagar un fuego, nunca salí de un autobús volcado, pero tenía los conocimientos para saber qué hacer si algo como esto pasara. ¿Dónde estaba el plan para escapar de un predator o abusador? ¿Dónde estaba el plan de evitar el abuso sexual, toques correctos y toques incorrectos, de secretos buenos y secretos malos? Nunca los oí. No me educaron en como reportar algo ni como escaparme de una situación peligrosa. Nunca oí el lema "Mi cuerpo solo me pertenece a mí". A la edad de 6 años fuí sexualmente abusada. Estaba confundida y asustada. Solo recibí el mensaje que mi cuerpo parecía ser de los hombres que usaron y abusaron de mi. Era el mensaje recibido – porque no había otro mensaje. Yo demostraba todas las características de una niña abusada, pero nadie se acercó a mí a preguntarme ¿"Alguien te ha herido"?

¿"Le estas guardando secretos a alguien"?, ¿"Alguien te molesta o te hace sentir incómoda"? Habían adultos de confianza en mi vida, pero fallaron en no enseñarme que "Mi cuerpo es especial y me pertenece solo a mí y yo estoy a cargo de él, como puedes ver". Si este libro existiera cuando era una niña, y alguien me lo hubiera leído, me daría la fuerza de haber reportado mi situación, salvándome de años de abuso sexual. Estas 19 páginas hubieran salvado mi niñez al darme una voz. Imagínate si este libro estuviese en manos de mis padres, maestros, trabajadores sociales y psicólogos que me lo leyeran en el 1991 cuando yo tenía solo 6 años. Como no aprendí como proteger mi cuerpo, terminé sin amor y cuidado de mi misma. Yo era una niña que no se salvó, pero podemos salvar a millones si este libro llega a las manos correctas. Salvemos a un niño enseñándoles que su cuerpo les pertenece.

> *Meryn dice, "toque correcto, toque incorrecto" y "como huir y como reportar" son las frases que debemos inculcar a los niños.*

Erin Merryn es la autora de *Stolen Innocence* y *Living for Today*, ambos libros sobre el incesto y violación. Ha aparecido en programas como *Oprah, Good Morning America, CNN, Jane Velez Mitchell* y *Montell*. Ella también ha aparecido en *Time Magazine, Cosmo Girl, Chicago Tribune, Daily Herald* y otros. Promovió "Erin's Law" en el estado de Illinois, la cual provee educación sobre la prevención de abuso sexual a niños desde pre-k hasta 5to grado.

Introducción a KidSafe

Con la compra de este libro, usted está apoyando a la organización sin fines de lucro Fundación KidSafe. Nuestra meta es proveer educación preventiva a los niños, padres y maestros para reducir el abuso y la intimidación a menores, y enseñar los problemas de seguridad de Internet y las estrategias para evitar el secuestro. Para obtener más información acerca de nuestros programas, visite **www.kidsafefoundation.org**.

Por Qué Escribimos Este Libro

A menudo los padres nos preguntan cómo hablarle a su hijo sobre toques sin asustarlos – o como hablar del tema, pues es algo incómodo. En estos días tenemos que hablarles a nuestros hijos sobre los toques. Cuando hablamos a ellos sobre toques y sus cuerpos, les estamos entregando herramientas de seguridad. Conocimiento es poder. Los pederastas buscan niños sin educación preventiva, aquellos que no hablan con los padres sobre estos temas. Con este libro, nuestra meta es que todos sean Niños Seguros.

A medida que leas nuestro libro con tus hijos, encontrarás distintas formas de hablarles y enseñarles la diferencia entre Toque Correcto y Toque Incorrecto en una forma no intimidante y con un enfoque apropiado. Este libro es perfecto para la conversación que deseas tener – pero que no estás seguro de cómo abordar el tema. *¡Mi Cuerpo es Especial y Me Pertenece!* les proporciona un marco para muchas conversaciones con sus hijos sobre los diferentes tipos de Toques.

Les pedimos que se tomen el tiempo de leer todo el libro antes de compartirlo con sus hijos. Encontrarán en la parte posterior del libro la sección El Lugar de los Padres (Parent's Place). Allí discutimos las preguntas y las preocupaciones más comunes que tienen los padres, el mito sobre el peligro de los desconocidos, y una sección con sugerencias de cómo empezar el dialogo con los niños – preguntas para hacerles a sus hijos – con respuestas para incrementar la comunicación y con consejos sobre la forma de integrar diariamente el lenguaje sobre seguridad en la crianza de los hijos. Para más información, por favor visite nuestro sitio web en www.kidsafefoundation.org y allí pueden conseguir recursos y sitios de ayuda en caso necesario. ¡Deseándoles éxito y buenas lecturas!

Trabajando juntos para mantener a los Niños Seguros (KidSafe),

Cherie y Sally

Soy una Niña Segura (KidSafe)
inteligente y tengo
mucho que compartir
acerca de mantener nuestros
cuerpos seguros
y cuidándonos con amor
y cariño.

Porque Mi Cuerpo Es Especial y Me Pertenece.
¡Yo estoy a cargo de mi cuerpo, como podrás ver!

Voy a compartir muchas cosas acerca de qué hacer para ayudar a mantener tu cuerpo seguro y como cuidarlo muy bien. ¡Al leer este libro, vas a ver niños que escuchan a su Voz Interna, como yo!

Cuando escuchas tu Voz Interna
y piensas en cómo se siente un toque,
puedes usar esos sentimientos para
guiarte para saber si es un Toque
Correcto o Incorrecto.

Así que piensa en la cantidad de veces que te tocan durante todo el día, sabemos que un toque es correcto cuando nos sentimos: Felices, agradables y lo más cómodo posible.
Un toque que se siente así es un Toque Correcto para mí.

4

Cuando mi amiga me toma la mano, es un Toque Correcto para mí.
Porque me siento bien, cómoda y alegre.

Me encanta cuando mi mamá me acuesta en la noche.
Un beso en mi frente me hace sentir que todo está bien.

Cuando mi maestra me da una palmadita en la espalda y me dice: "Eres tan inteligente"
Me siento orgullosa y especial con un sentimiento acogedor en el corazón.

Pero algunas veces un toque te puede hacer sentir mal. Siendo empujado en el patio de recreo podría hacerte sentir enojado.

Si me halaran el pelo, me podría
  doler mucho.
Me sentiría triste e incómoda;
  y este sería un Toque Incorrecto.

Cuidar de mi cuerpo es algo que
estoy aprendiendo a hacer.
Bañarme y vestirme ahora me
corresponde a mí también.

Tú puedes aprender a cuidar de tu cuerpo, igual que yo.
Nuestros cuerpos son especiales, como puedes ver.

Tengo partes íntimas que me
pertenecen sólo a mí.
Están bajo mi traje de baño,
pero no te las voy a dejar ver.

Tú tienes partes íntimas que
son especiales también.
¡Nadie debe tocarlas –
son sólo tuyas!

Pero si tengo salpullido en mis partes
íntimas o no se sienten bien,
mis padres me llevan al médico y si
ella tiene que verlas, ella puede.

Porque Mi Cuerpo Es Especial y Me Pertenece.
¡Yo estoy a cargo de mi cuerpo, como puedes ver!

Si recibes un toque en sus partes íntimas y en tu corazón
 te sientes rara y confundida,
trata de usar su Voz Interna tan rápido como puedas.
Ve y cuéntale a un adulto de confianza – ellos entenderán.

¡Buen trabajo Reportando! Estoy tan contenta de que hayas venido a decirme.

Nunca será tu culpa si recibes un toque que te confunde. Asegúrate de avisarle a un adulto de confianza, porque ellos sabrán qué hacer.

Si alguien te da un toque y dice:
    "No digas nadan",
    no mantengas ese toque
    como un secreto;
cuéntale a un adulto a quien
    conozcas bien.

Tu Círculo de Adultos de Confianza es donde debes ir.
Cuando tengas un problema, estos adultos lo necesitan saber.

¡No lo guardes dentro de ti, comparte lo que te
está molestando para que puedas recibir la ayuda
que necesitas y puedas estar seguro, también!

Tu círculo de Adultos de Confianza es donde debes ir.
¿Quiénes son TUS adultos seguros? Utiliza este círculo para nombrarlos.

Mi Círculo de Adultos de Confianza

La mayoría de los toques nos hacen sentir especiales, cómodos y seguros. Recibir un abrazo de alguien a quien amas te puede hacer sentir muy bien.

Así que repite estas palabras conmigo. Créelo:

MI CUERPO ES ESPECIAL Y ME PERTENECE.
¡Yo estoy a cargo de mi cuerpo, como puedes ver!

19

Así que al terminar este libro
voy a ir a darle un abrazo
a alguien que es especial,
a alguien que amo.

Tú puedes darle a alguien que amas un abrazo, también.
¡Siempre es tu decisión, porque Tu Cuerpo te Pertenece a Ti!

20

My Body Is Special and Belongs to Me!

Sally Berenzweig, MEd, MA & Cherie Benjoseph, LCSW • Illustrated by Lilah Cohen

If you enjoyed reading this book with your child and would like to share the original English language rhyming verses, the following text is provided to correspond with the pages in this book.

PAGE 1

I am KidSafe smart and I have a lot to share
about keeping our bodies safe and treating ourselves
    with love and care.
Because My Body Is Special and belongs to me.
I am in charge of my body, as you will see!

PAGE 2

I will share many things about what to do
to help keep your body safe and take good care of you.
As you read this book, you will see
kids who listen to their Safety Voice, like me!

PAGE 3

When you listen to your Safety Voice
    and think about how a touch feels inside,
You can use those feelings as your
    Safe and Unsafe touch guide.

PAGE 4

So think about how many times we are touched
    throughout the day,
We know a touch is Safe when we feel this way:
Happy, cozy, and comfortable as can be.
A touch that feels this way is a Safe touch to me.

PAGE 5

When my friend holds my hand, it is a Safe touch to me.
Because I feel warm, comfy, and as joyful as can be.

PAGE 6

I love when my Mom or Dad tucks me in at night.
A kiss on my forehead and I feel everything is alright.

PAGE 7

When my teacher pats me on the back
    and says, "You are so smart,"
I feel proud and special
    with a cozy feeling in my heart.

PAGE 8

But sometimes a touch can make you feel bad.
Being pushed on the playground might make you
    feel mad.

PAGE 9

If my hair was pulled, it would really hurt me.
I would feel sad and uncomfortable;
    an unsafe touch it would be.

PAGE 10

My sister likes to tickle me,
    and it can feel real good.
I feel special and loved;
    just like a brother and sister should.
When I want her to stop because it no longer
    feels good,
I use my Safety Voice to stop her and I hope
    that she would.

21

PAGE 11

I like to get hugs, then sometimes I don't.
I like to give kisses, but sometimes I won't.
My parents told me I can say "No" to a touch.
    Even from someone I know and love so much.
Because My Body Is Special and belongs to me.
I am in charge of my body, as you can see!

PAGE 12

Taking care of my body is something I am learning to do.
Washing and dressing are now my jobs, too.
You can learn to take care of your body, just like me.
Our bodies are special, as you can see.

PAGE 13

I have private parts that belong just to me.
They are under my bathing suit, but I won't let you see.
You have private parts that are special, too.
No one should touch them—they are meant just for YOU!

PAGE 14

But if I have a rash or my private parts don't feel
    like they should,
my parents take me to the Doctor
    and if she needs to see them, she could.
Because My Body Is Special and belongs to me.
I am in charge of my body, as you can see!

PAGE 15

If you get a touch on your private parts,
    and you feel weird and confused in your heart,
Try to use your Safety Voice as fast as you can;
    Go tell a grown-up—they will understand.
It is never your fault if you get a touch that is confu-
    sing to you.
Make sure you tell a grown-up, because they will
    know what to do.

22

PAGE 16

If someone gives you a touch and says,
    "Now don't you tell."
Don't keep that touch a secret;
    tell an adult you know well.
If someone gives you a present and says,
"Keep it a secret between you and me,"
Tell a grown-up you trust immediately!

PAGE 17

Your Circle of Safe Adults is where you should go.
When you have a problem, these adults need to know.
Don't keep it inside, share what is bothering you.
So you can get the help you need and stay safe, too!

PAGE 18

Your Circle of Safe Adults is where you should go.
Who are YOUR safe adults? Use this circle to show.

PAGE 19

Most touches make us feel comfortable, special,
    and safe.
Getting a hug from someone you love can make you
    feel great.
So now say these words with me.
Believe it, and it will come to be:
MY BODY IS SPECIAL AND BELONGS TO ME.
I AM IN CHARGE OF MY BODY, AS YOU CAN SEE!

PAGE 20

So as we end this book I will go give a hug
to someone who is special, to someone I love.
You can give someone you love a hug, too.
It's always your choice, because your body belongs
    to YOU!

EL LUGAR DE LOS PADRES

Bienvenidos al maravilloso mundo de hablarles a tus hijos acerca de los Toques. Este libro te proporciona un esquema para tener muchas conversaciones sobre los Toques Correctos e Incorrectos. La enseñanza a tus hijos acerca de los Toques es una parte importante en su crianza.

Ahora que estás receptivo al tema del Toque, es el momento en que tomes el poderío junto con tus hijos. Al compartir este libro con ellos, les estás demostrando que sus cuerpos son especiales y les pertenecen. A continuación encontraras algunas preguntas que los padres a menudo hacen con respecto al hablarles a sus hijos acerca del Toque.

> Al compartir este libro con ellos, les estás demostrando que sus cuerpos son especiales y les pertenecen.

¿Cuándo y por qué debo comenzar a enseñarle a mis hijos los nombres correctos de sus partes íntimas? ¿Cuáles son los nombres apropiados de las partes íntimas?

Tan temprano como a los tres años, los niños pueden aprender los nombres apropiados de las partes de su cuerpo, incluyendo sus partes íntimas. En este libro utilizamos el término "las partes íntimas" para las partes del cuerpo que están cubiertas por un traje de baño. El enseñarles a los niños los nombres correctos de las partes del cuerpo es el primer paso en darles el poder para de entender que su cuerpo es especial y que les pertenece. Algunos nombres correctos de enseñarles a tus hijos de las partes íntimas son: la vulva, la vagina, el pene, los testículos, los senos y las nalgas. Como decimos en nuestros seminarios para adultos, "Un codo es un codo, y un pene es un pene".

Es tan simple como eso. Si te sientes incómodo, párate en frente de un espejo y repite, "Pene. Vagina". cien veces o hasta que te sientas cómodo. ¿Por qué? Porque necesitas sentirte cómodo hablando de las partes íntimas para que tus hijos se sientan cómodos hablando de ellas contigo. Simplemente al darles el vocabulario para que puedan hablar abiertamente sobre sus cuerpos, les estás dando una herramienta poderosa para contrarrestar la explotación y el abuso por otros. La siguiente sección presenta más información sobre este tema.

> Simplemente al darles el vocabulario para que puedan hablar abiertamente sobre sus cuerpos, les estás dando una herramienta poderosa para contrarrestar la explotación y el abuso por otros.

> *". . . Una gran herramienta para los padres para cerrar la brecha*
> *es discutir estos temas sensibles con sus hijos".*
>
> —Annmarie Watler, Comandante, Sección Investigativa Departamento de Policía de North Miami

¿Te sientes cómodo hablando sobre la sexualidad? ¿Las partes íntimas? ¿Los Toques?

A menudo, los padres y los cuidadores expresan su propia incomodidad cuando hablan directamente con sus hijos sobre el tema de sus partes íntimas y los Toques Correctos e Incorrectos. Tu hijo fácilmente puede sentir la negatividad de su lenguaje corporal no verbal y pensar, "De esto no se debe ni se puede hablar, lo que interrumpiría la comunicación. Cuando demuestras incomodidad al hablar sobre el Toque o de tu cuerpo, le estas enviando un mensaje subliminal a tu hijo que la discusión de estos temas es tabú. Esto apagará la curiosidad natural del niño, enviándolo a otro lugar para obtener la información.

> *Cuando demuestras incomodidad al hablar sobre el Toque o de tu cuerpo, le estas enviando un mensaje subliminal a tu hijo que la discusión de estos temas es tabú.*

Tus niños necesitan saber que eres un padre accesible y que pueden hablar contigo sobre sus cuerpos sin ningún temor o incomodidad. Tómate el tiempo para analizar de donde viene tu incomodidad. Mediante la utilización de recursos como este libro, tendrás el poder con los conocimientos necesarios para convertirte en el mejor maestro de tu hijo.

¿Qué hago cuando mi hijo no le quiere dar un beso o un abrazo a mi pariente?

A menudo los padres nos preguntan si deben obligar a los hijos a abrazar o besar a un familiar cuando no quieren. Siempre les decimos: "¡Ándale, hazlo!" Al obligar a un niño a tocar un adulto al que no quieren tocar, le estás diciendo al niño que los deseos y las necesidades de los adultos son más importantes que los propios deseos y necesidades del niño.

> *Al obligar a un niño a tocar un adulto al que no quieren tocar, le estás diciendo al niño que los deseos y las necesidades de los adultos son más importantes que los propios deseos y necesidades del niño.*

Te sugerimos que hables con tu hijo antes de la visita, utilizando un plan de acción alternativo, la cual puede incluir la sustitución de un "choca los cinco" o responder con un gesto cortés de "No gracias". A través de esta discusión, le estás dando el mensaje a tu hijo que respetas su cuerpo y sus deseos y le haces saber que se les permite tomar sus propias decisiones con respecto a la de tocar y ser tocado. También, asegúrate de notificar a los otros adultos en la vida del niño de cómo lo estás educando sobre la seguridad personal en su vida cotidiana – a la vez que le enseñas a los adultos también.

¿Cómo puedo ayudar al niño a distinguir un Toque Correcto y un Toque Incorrecto?

El objetivo de este libro es enseñarle a los niños que ellos pueden juzgar entre un Toque Correcto o Incorrecto de acuerdo cómo ellos se sientan y conociendo los límites personales de sus partes íntimas. Esta relación entre toque físico y la forma que siente el niño es una parte importante en determinar cuando el límite del Toque Correcto se ha excedido.

Cuando hables con tus hijos, debes enfatizar en que nadie debe estar tocando o mirando sus partes íntimas y que ellos no deberían estar tocando ni mirando las partes íntimas de otra persona.

Explícale que un Toque Incorrecto en las partes íntimas podría hacerlos sentir confundidos, extraños, incómodos, o tristes, o hasta quizás sea algo agradable. Es por eso que es confuso para que los niños decidan. Enfatiza los límites: Tu cuerpo es especial y nadie toca tus partes íntimas. Si alguna vez te tocan en una parte íntima, tienes que informar a un adulto de confianza inmediatamente. No está bien para cualquier adulto tocarlos en sus partes íntimas – incluso si el adulto que los tocó es alguien especial para ellos. Hay que enfatizar que tu cuerpo es especial y te pertenece; así que no importa quién sea, el niño debe buscar ayuda para detener esta relación. Tiene que reportarlo porque aunque pueda ser agradable, el toque de las partes íntimas no es un toque seguro.

Usando este diálogo de manera permanente, ayudará al niño a tomar decisiones más seguras y más inteligentes acerca de sus cuerpos en su desarrollo hacia la edad de los preadolescentes y adolescentes.

Hablando de Toque en la Vida Cotidiana

Los términos Toque Correcto, Toque Incorrecto, Partes Íntimas, y Reportando deben y pueden convertirse fácilmente en parte del vocabulario cotidiano de su familia. Nosotros llamamos a estas palabras Conceptos Claves KidSafe.

Ejemplo: Estás en casa y el niño se cae y se lastima. Otro niño – un hermano o un amigo – se acerca, toca suavemente al niño, y le pregunta si está bien. Podrías decirle al niño que está siendo tocado, "¿Cómo te sentiste cuando Jan te tocó en el hombro"? Ayúdalo a responder si fue: agradable, feliz, cómodo. Pregúntale: "¿Fue eso un Toque Correcto o un Toque Incorrecto"? Toque Correcto. Felicita al amigo que te ofreció apoyo.

El objetivo de este libro es enseñarle a los niños que ellos pueden juzgar entre un Toque Correcto o Incorrecto de acuerdo cómo ellos se sientan . . .

. . . un Toque Incorrecto en las partes íntimas podría hacerlos sentir confundidos, extraños, incómodos, o tristes, o hasta quizás sea algo agradable.

Usando este diálogo de manera permanente, ayudará al niño a tomar decisiones más seguras y más inteligentes acerca de sus cuerpos en su desarrollo hacia la edad de los preadolescentes y adolescentes.

CONCEPTOS CLAVES KIDSAFE

*Los términos **Toque Correcto, Toque Incorrecto, Partes Íntimas,** y **Reportando** deben y pueden convertirse fácilmente en parte del vocabulario cotidiano de su familia.*

Cuando se dan cuenta de que algo no es seguro, los niños pueden utilizar su voz interna – voz alta y fuerte – y reportarlo a un adulto de confianza.

Ejemplo: Los niños están en un aula o sala de juegos. Mientras que discuten sobre un juguete con el que están jugando, un niño llega y golpea al otro. Pregúntale al que dio el golpe", ¿Eso fue un Toque Correcto o Incorrecto? ¿De qué otra forma hubieras podido manejar esta situación"? Esté preparado con las consecuencias apropiadas para el que dio el golpe para enviar el mensaje de que los problemas no se resuelven con toques incorrectos.

¿Qué es la *Voz Interna*?

El término *Voz Interna* se usa para enseñarle a los niños acerca de la "pequeña voz" dentro de sus cabezas que les ayuda a parar y pensar que otras decisiones pueden tomar que sean más seguras y más inteligentes. Cuando se dan cuenta de que algo no es seguro, los niños pueden utilizar su voz interna – **voz alta y fuerte** – y reportarlo a un adulto de confianza. Usamos este término de voz segura para que el niño se percate de una situación y pueda distinguir entre toque correcto y uno incorrecto, y luego hablar de ello utilizando su voz real.

Los niños siempre deben reportar cuando se refiere a la seguridad de ellos mismos y de los demás . . .

¿Cuál es la diferencia entre *Chismear* y *Reportar*?

Al educar a los niños sobre seguridad personal, siempre necesitamos tener una discusión sobre la diferencia entre chismear y reportar.

Los niños a menudo se confunden entre el concepto de *chismear* – contándole a alguien sólo para meterlos en problemas – y *reportar;* buscando ayuda de un adulto cuando ellos o alguien más están en riesgo de hacerse daño o ya han sufrido una herida. Le preguntamos a los niños frecuentemente durante estas lecciones, "es esto chismear o reportar"? Puedes hacerle la misma pregunta a tu hijo cuando se acerque a ti en casa con una situación.

Cuando educamos a nuestros hijos sobre seguridad personal en sus vidas, tu (y nosotros) rompemos el ciclo de silencio que rodea el abuso infantil. Los niños suelen tener miedo al silencio. Sin embargo, un niño al que se la ha enseñado que él o ella tienen derechos – y ha aprendido cómo reportarle a un adulto de confianza cuando se enfrentan a una situación de seguridad – se convierte en la primera línea de defensa en su propia seguridad.

¿Por qué NO le enseñamos a los niños sobre el *Peligro de los Desconocidos (Stranger Danger)*?

En el mundo actual no enseñamos el Peligro de los Desconocidos, un concepto que aprendimos cuando niños. ¿Por qué? Estadísticamente, el 90% del tiempo cuando un niño es abusado sexual, física o emocionalmente es por alguien a quien conocen y a quien quieren y le tienen confianza. El 68% de las veces el abuso proviene de un familiar cercano.

Las estadísticas de abuso son abrumadoras: 1 de cada 4 niñas y 1 de cada 6 niños serán explotados sexualmente antes de los 18 años. La mayoría de los casos de abusos no son reportados, por lo que estas estadísticas no cuentan toda la historia. Dado que la mayoría de los abusos son perpetrados por un adulto de confianza y, a menudo ser querido, reportar el abuso es aún más difícil para un niño.

¿Quiénes son las personas que lastiman a los niños?

Los familiares inmediatos como padres, padrastros, hermanos, madres, madrastras; y familia cercana, como primos, tías y tíos, abuelos; y amigos de la familia. La mayoría de los abusadores de menores consiguen puestos de trabajo o se ofrecen de voluntarios en puestos que tienen que ver con niños, como los entrenadores, maestros, religiosos (todas las religiones), los consejeros del campamento e instructores de natación, niñeras, profesores de música y otros tutores (especialmente uno-a-uno), los líderes de los Niños Exploradores (Boy Scouts), trabajadores del cuidado infantil... en fin, en cualquier puesto.

Es importante entender que la mayoría de los depredadores son hombres heterosexuales y adolescentes varones (la mitad de todos los depredadores comienzan a abusar antes de los 14 años), bien educados, de clase media, buenos ciudadanos (muchos de ellos con sus propios hijos) que conocen a sus víctimas. Sin embargo, estos depredadores vienen de cualquiera forma, tamaño, origen étnico, y el grupo socioeconómico – e incluso pueden ser mujeres.

> . . . el 90 % del tiempo cuando un niño es abusado sexual, física o emocionalmente es por alguien a quien conocen y a quien quieren y le tienen confianza.

> Las estadísticas de abuso son abrumadoras: 1 de cada 4 niñas y 1 de cada 6 niños serán explotados sexualmente antes de los 18 años.

> El cortejo es el medio por el cual los depredadores se ganan tu confianza y la confianza de tu hijo.

¿Por qué mi hijo no me hablaría sobre abuso?

Los depredadores sexuales son inteligentes y diestros y los llevarán a ti y a tu hijo a través de un proceso llamado cortejo. Es por esto que tanto los padres y como los niños deben ser conscientes de los signos del cortejo y mantener las líneas de comunicación abiertas. El proceso de cortejo ocurre a menudo lentamente – y podría tomar diez días o diez meses. Estos depredadores se toman su tiempo para asegurarse de que han obtenido la confianza del niño.

El cortejo se desarrolla en las siguientes etapas:

Etapa 1: Amistad y Confianza – El depredador comienza el proceso de hacerse amigo de ambos, de tí y de tu hijo. (a veces de toda la familia)

Etapa 2: Premios y Regalos – El depredador le puede dar regalos a tu hijo o le hace favores especiales a él o ella.

Etapa 3: Secretos y Amenazas – El depredador le pide a un niño que mantenga un secreto para ver si lo hace.

Etapa 4: El Abuso Comienza – El depredador comienza el abuso, creyendo que él o ella tiene un participante que está dispuesto.

¿Cuáles son algunas señales de advertencia de que tú y tu hijo están siendo cortejados?

- Adultos que toman un interés indebido en un niño
- Adultos que pasan tiempo a solas con un niño o niños
- Adultos que se ofrecen a cuidar a los niños
- Adultos que dan regalos o dinero a un niño
- Adultos que utilizan un lenguaje inapropiado, tal como "tú eres mi mejor amigo"
- Adultos permitiendo que el niño se salga con la conducta inapropiada
- Adultos que tratan de jugar haciéndole cosquillas, besando o abrazando mucho, lo que acostumbra al niño a ser tocado por él.

> *"A veces les digo a los padres de cuidarse de un adulto que quiere estar mas con tus hijos que con tí mismo . . . de alguien que es perfecto".*
> —KEN LANNING
>
> Experto en el tema de la victimización de niños, previamente fue Agente Especial del FBI . . . Unidad de Ciencias de Comportamiento y Centro Nacional Para el Analisis de Crimenes Violentos, Miembro fundador de la junta de directores de la sociedad profesional americana sobre el maltrato de los niños.

Nuestros niños tienen el derecho a estar seguros y disfrutar de su infancia. Como padres, tenemos la obligación de estar al tanto de las cuestiones de seguridad que afectan a nuestros niños – y enseñarles las destrezas que necesitan para estar a salvo.

CONTINUEMOS LA ENSEÑANZA

Estimados padres: También tenemos el libro *¡Juan Enseña a Sus Amigos Sobre KidSafe!* (*Jack Teaches His Friends to Be KidSafe!*), el primer libro en la serie. Este libro es para niños de 3 a 10 años de edad, y enseña destrezas básicas – destrezas para toda la vida – y promueve el uso de un lenguaje de seguridad para la casa.

Esperamos que compartas este libro con otros padres y mantengas la conversación activa. Mientras más tú y tus hijos hablen abiertamente de estos temas, más seguridad tendrán.

Para obtener más información acerca de KidSafe – y otros recursos útiles – visite nuestro sitio web en www.kidsafefoundation.org

Si usted sospecha de abuso o si tiene preguntas sobre el abuso de menores, por favor llame a la Línea Nacional ChildHelp al 1-800-4-A-CHILD (422-4453) o visite www.childhelp.org/hotline

Para obtener una lista de recursos, visite **www.kidsafefoundation.org**

ABRIENDO EL DIALOGO

Preguntas que debe hacerles a tus hijos

P: *¿Qué es un Toque Correcto?*

R: Un *Toque Correcto* es un toque que te hace sentir seguro, cálido, querido, agradable, feliz, relajado. Por ejemplo: Tomándonos de las manos, una palmada en la espalda, un abrazo o un beso de alguien que amas.

P: *¿Qué es un Toque Incorrecto?*

R: Un *Toque Incorrecto* es un toque que te hace sentir triste, enojado, confundido, inseguro, incómodo, nervioso, asustado, avergonzado, raro. Por ejemplo: golpear, patear, morder, halar el pelo, cosquilleo excesivo o tocar las partes íntimas.

P: *¿Qué deberías hacer si recibes un toque que te hace sentir confundido?*
O: *¿Qué debes hacer si recibes un toque que no estás seguro si es un toque correcto o incorrecto?*

R: Informa a un adulto en quien confías lo más pronto que puedas, y continúa reportándolo hasta que alguien te escuche.

P: *¿Dónde están tus partes íntimas?*

R: Todas las partes que están cubiertas por el traje de baño.

P: *¿Cuáles son las partes íntimas de un niño? ¿Cuáles son las partes íntimas de la niña?*

R: Niño: pene, testículos. Niña: vulva, vagina, senos y nalgas.

P: *¿Cuándo es aceptable que un adulto te mire o te toque tus partes íntimas?*

R: **Infantes hasta 4 años:** Durante el baño o la higiene personal en el baño; cuando un niño se acerca a su adulto de confianza con un salpullido, una lesión o una enfermedad que requiere atención; cuando un médico tiene que examinar tus partes íntimas y tu adulto de confianza está con contigo. A esta edad tan joven, un depredador – un familiar, acompañante, niñera de la guardería – a menudo comienza a desensibilizar al niño al Toque Incorrecto con el pretexto de ayudar con la higiene, jugando un juego "especial", etc. Es muy importante

Un **Toque Correcto** es un toque que te hace sentir seguro, cálido, querido, agradable, feliz, relajado.

Un **Toque Incorrecto** es un toque que te hace sentir triste, enojado, confundido, inseguro, incómodo, nervioso, asustado, avergonzado, raro.

que los adultos sean conscientes de quien cuida de sus hijos, así como cualquier cambio en su estado de ánimo y los comportamientos que tienen en torno a ciertas personas, así como los cambios físicos en el niño. Con este fin, apoyamos el uso de "cámaras de video" en el hogar.

Esto es lo que hace saber utilizar los nombres correctos de las partes del cuerpo tan importante: si un niño tiene que reportar un Toque Incorrecto, puede dejar en claro lo que ha sucedido. Consulte la sección sobre el cortejo para obtener más detalles.

R: **De 4 hasta 8 años:** Por lo general, animamos a los niños de este grupo de edad a ser independientes, pero bajo supervisión, en su higiene personal. Tocar o mirar las partes íntimas a esta edad es apropiado cuando un niño se acerca a su adulto de confianza con un salpullido, una lesión o una enfermedad que requiere atención; o cuando el médico tiene que examinar sus partes íntimas, y un adulto de confianza está presente.

P: *¿Se le puede decir NO a CUALQUIER adulto que trate de abrazarme o besarme?*
R: Sí. Tu cuerpo te pertenece y tú estas a cargo de si quieres dar o recibir un toque. En su lugar, puedes dar la mano, "dar un cinco", o decir *No gracias.*

P: *¿A quién acudirías en busca de ayuda si tienes un Toque Incorrecto?*
R: Esta es una actividad que puedes hacer con tu niño (ver la actividad el Círculo de Adultos de Confianza en la página 18). Pídele a tu hijo que dibuje a tres adultos en los que confía y los identifique. Después discute con él a quien escogió y por qué. Asegúrate de que estás de acuerdo con las personas a las que iría en busca de ayuda y asegúrate de informarles a los adultos elegidos que ellos forman parte del Círculo de Adultos De Confianza de tu hijo.

> *Pídele a tu hijo que dibuje a tres adultos en los que confía y los identifique. Después discute con él a quien escogió y por qué. Asegúrate de que estás de acuerdo con las personas a las que iría en busca de ayuda y asegúrate de informarles a los adultos elegidos que ellos forman parte del* **Círculo de Adultos De Confianza** *de tu hijo.*

P: *¿Cuál fue un* **Toque Correcto** *que recibiste hoy?*
R: Ejemplos: Mi amigo me ayudó a levantarme cuando me caí. Abracé a mamá cuando me bajé del autobús. Mi padre me dio un beso de buenas noches, etc.

P: *¿Cuál fue un* **Toque Incorrecto** *que tuviste hoy?*
R: Ejemplos: Me empujaron en el parque infantil. Me dieron una patada en la pierna durante la práctica de fútbol (accidentalmente). Mi profesora de piano me puso su mano en mi pierna y me sentí incómodo.

Acerca de los Autores

Sally Berenzweig, MEd, MA, Experta en Prevención de Abuso Sexual, Profesional de Salud Mental, Educadora, Presentadora Pública, Autora, Madre y Cofundadora de la Fundación KIDSAFE.

Sally Berenzweig fue terapeuta con una Maestría en Educacion Elemental y una Maestría en Consejería y Psicología. Ha trabajado con sobrevivientes de abuso sexual al igual que en práctica privada. Se especializa en prevención de abuso sexual y educación de padres. Sally es la coautora de [KidSafe for Kids], un currículo de 8 semanas para niños entre las edades de 4–11, y también coautora de los libros para niños ¡Juan Enseña a sus Amigos Sobre KidSafe! y ¡Mi Cuerpo es Especial y Me Pertenece! ganador del premio Literario del Libro Infantil en el 2011.

KidSafe Co-Fundadores de KidSafe Sally Berenzweig and Cherie Benjoseph.

Cherie Benjoseph, Trabajadora Social Licenciada, Experta en Seguridad Infantil, Profesional en Salud Mental, Educadora, Presentadora Pública, Autora, Madre y Cofundadora de la Fundación KIDSAFE.

Cherie ha trabajado en el área de Trabajo Social desde 1989, especializada en niños y familias. Después de obtener su Maestría en Trabajo Social en la Universidad de Boston, Cherie trabajó en una escuela pública como consejera escolar en Boston. Allí tuvo la oportunidad de trabajar con diferentes grupos, niños pequeños, estudiantes de escuela intermedia, profesores y padres. Ella entrenó y se especializó en prevención de violencia y resolución de conflicto, educación de padres, y su enfoque principal, la seguridad personal. Cherie es coautora de KidSafe for Kids, un currículo de 8 semanas para niños entre las edades de 4–11 años, y también coautora de los libros para niños ¡Juan Enseña a sus Amigos Sobre KidSafe! y ¡Mi Cuerpo es Especial y Me Pertenece! que es ganador del premio Literario del Libro Infantil en el 2011.

Para obtener más información acerca de los autores o de los programas de la Fundación KidSafe, por favor visite su sitio web en: www.kidsafefoundation.org

Sobre la Dibujante

Lilah Cohen es una estudiante de honores que reside en Florida. Vive con sus padres, los cuales ambos son empleados en la fuerza pública, tres hermanos menores y su gato, Rojo (Red). Sus dos hermanas y un hermano a menudo sirven como inspiración para sus dibujos. Lilah ha estado dibujando desde pequeña y ha tomado diversos cursos de arte desde que ella tenía cinco años. Cuando no es el dibujo, Lilah disfruta la lectura y es una ávida fanática del arte y la historia.

Sobre el Diseñador

Gary A Rosenberg es un diseñador gráfico que se especializa en libros dirigidos a un público específico. El conoció al hijo de Sally, Jack, enseñándole defensa personal los niños del área, y su colaboración aquí es una extensión de esa relación. También es coautor (con su esposa, Carol) de la Serie de libros Jon y Jayne Doe sobre las habilidades sociales para adolescentes y preadolescentes. Gary trabaja desde su casa en Boca Ratón, Florida, y continúa enseñando a los niños, jóvenes y adultos en las artes marciales. Para obtener más información sobre las series, visite www.jonandjayne.com o el sitio web de Gary, www.thebookcouple.com.